AF569515

Weitere Titel der Autorin:

Mein Herbstspaziergang
Mein Winterspaziergang
Mein Frühlingsspaziergang
Mein Sommerspaziergang

Die Welt unter der Lupe – zu Wasser

Mein Spaziergang durch die Jahreszeiten

Die Welt unter der Lupe – zu Lande

Ausmalen und durchatmen

Rita Berman

Lübbe

Originalausgabe

Titelillustration und Umschlaggestaltung: Rita Berman
Lektorat: Mareike Neukam
Herstellung und Satz: Judith Knabe
Gesetzt aus der Cambria
Gesamtproduktion: Appel & Klinger, Schneckenlohe
Printed in Germany
ISBN 978-3-404-60948-2

10 9 8

Sie finden uns im Internet unter luebbe.de
Bitte beachten Sie auch: lesejury.de

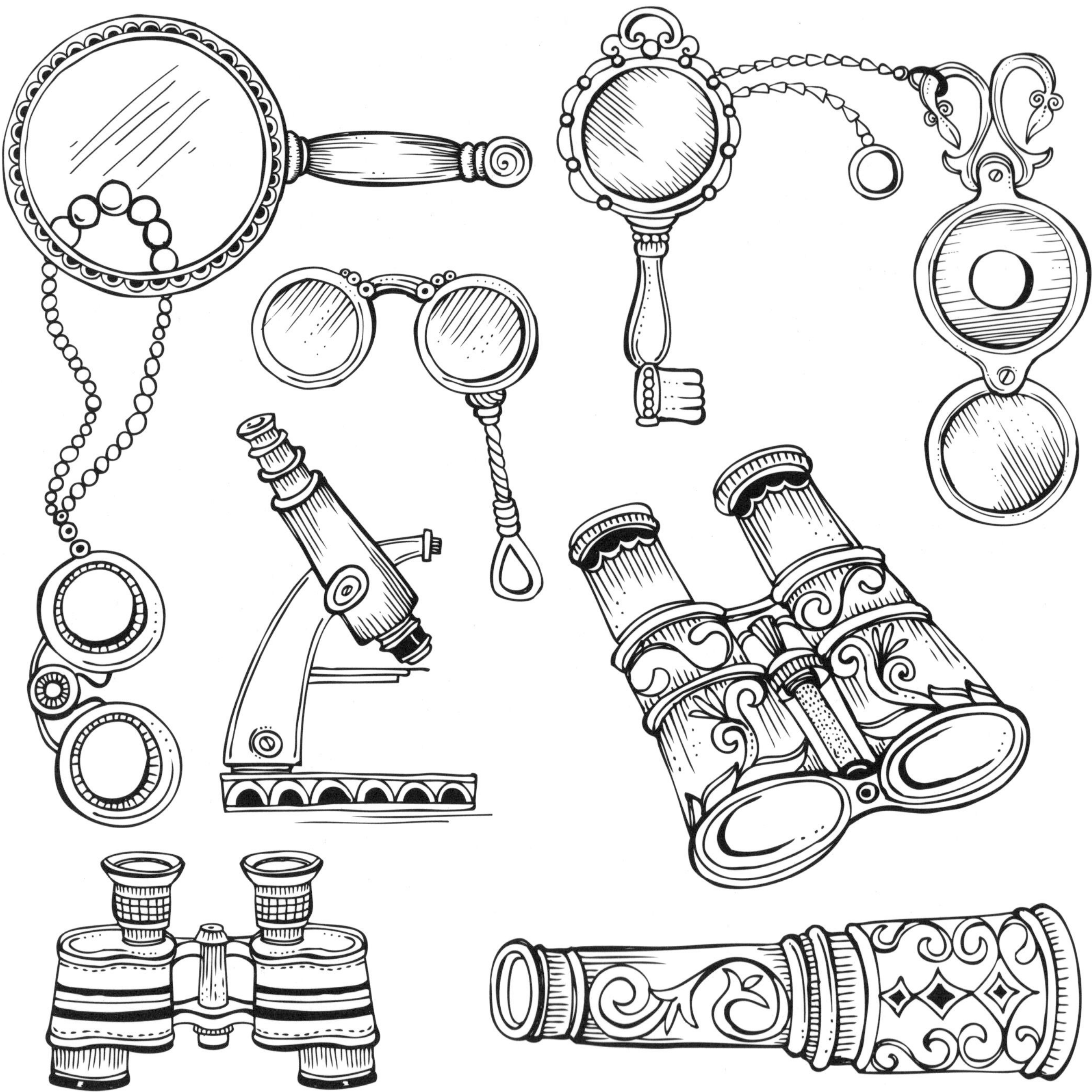

*I*ch finde Überraschungen toll. Darum versuche ich immer wieder, mich von ganz alltäglichen Dingen erstaunen zu lassen. Das funktioniert zum Beispiel, indem ich Bekanntes aus ungewöhnlichen Perspektiven betrachte.
Bei solchen kleinen Experimenten komme ich schnell auf neue Ideen. Und so sind auch die Zeichnungen für dieses Buch entstanden.
Oft gehen wir an der Natur um uns herum achtlos vorüber, heruntergefallenes Laub liegt nur im Weg, und Bienen wedeln wir unwirsch davon, wenn sie unserer Limonade zu nahe kommen. Nachdem ich aber eine Weile bewusst aufmerksam hingeschaut habe, ist eine ganze »Welt unter der Lupe« entstanden. Ich würde mich freuen, wenn Sie beim Ausmalen dieser Welt auch das ein oder andere Mal überrascht werden und ich Ihnen damit eine Freude machen kann.

Ihre
Rita Berman

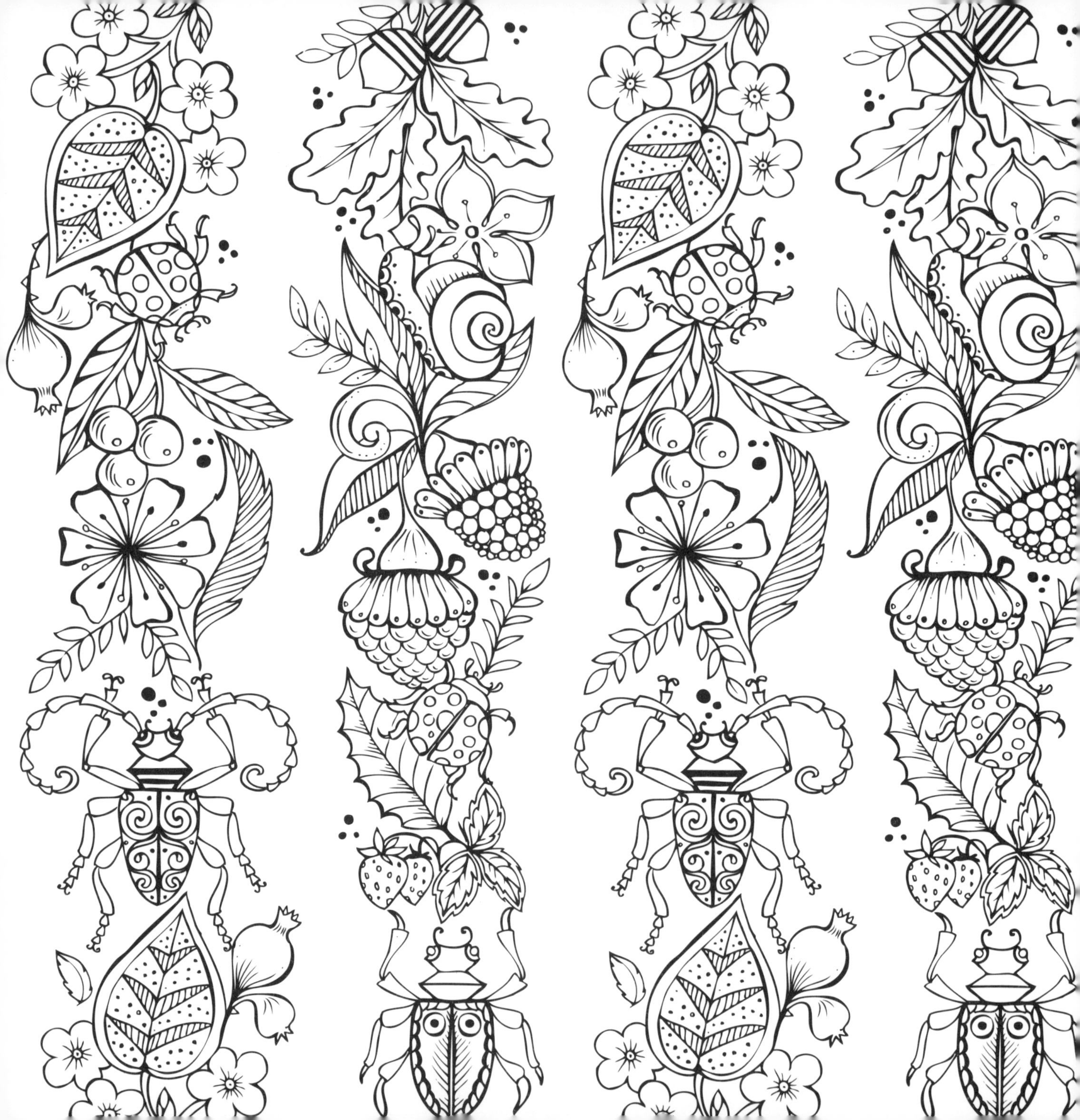

MEIN WINTERSPAZIERGANG
ISBN 978-3-404-60917-8

MEIN FRÜHLINGSSPAZIERGANG
ISBN 978-3-404-60928-4

MEIN SOMMERSPAZIERGANG
ISBN 978-3-404-60929-1

MEIN HERBSTSPAZIERGANG
ISBN 978-3-404-60916-1

DIE WELT UNTER DER LUPE - ZU WASSER

ISBN 978-3-404-60949-9